FRANÇAIS...

PRENEZ GARDE A VOUS!

ACTUALITÉ,

Par M. AMED-BOUIS,

(AMÉRICAIN),

Licencié en Droit R. de la Faculté de Paris.

« France, refuge du proscrit, patrie de l'humanité, tu rap-
« pelles cette ville des vieux temps, qui, après de grandes ca-
« lamités, recevait les malheureux dans ses murs et les conso-
« lait par ses largesses et ses soins !... A d'autres la triste gloire
« d'écumer toutes les mers, de pressurer les peuples, de ne
« subsister qu'au prix de la barbarie et de la misère des mal-
« heureux ! Ils n'acquièrent leur renommée qu'en marchant
« sur des millions de cadavres ! Ne dirait-on pas ces idoles
« mexicaines couvertes de rubis et de diamants, mais portant
« au cou des colliers de cœurs humains, de crânes et de mains
« sanglantes? Devant ces puissances avides, malheur aux op-
« primés! L'injustice, fût-elle la plus violente, ils n'ont pas
« même le droit de se plaindre !... Toi, France, dédaigne les
« trophées, et, comme la fille du grand Scipion, montre-nous
« tes enfants!... »
(Lettre de la Jeune Amérique à la France républicaine,
par Amed-Bouis (Américain). (Avril 1848.)

Prix : 15 Centimes.

PARIS,

DÉPOT DE L'AUTEUR, RUE RACINE, 23.

—

1849

FRANÇAIS...

PRENEZ GARDE A VOUS!

ACTUALITÉ,

Par M. AMED-BOUIS,

(AMÉRICAIN),

Licencié en Droit R. de la Faculté de Paris.

Prix : 15 Centimes.

PARIS,

DÉPOT DE L'AUTEUR, RUE RACINE, 23.

—

1849

Les pages suivantes forment la conclusion d'un ouvrage ayant
pour titre « Le Congrès des Peuples, » que je publierai prochai-
nement. Dans cet ouvrage, je traiterai des questions qui inté-
ressent toutes les nations. Je suis citoyen d'un pays libre, et j'écris
en France ; mais, pour nous, il n'y a plus d'Océan, car nous ai-
mons sincèrement la France, notre alliée naturelle : je dirai
donc, ici, toute ma pensée.

AMED-B.

Paris, 12 janvier 1849.

L'Europe ne cesse de faire la guerre à la France, à ses principes, à *moi,* et il nous fallait abattre sans cesse sous peine d'être abattus : la coalition exista toujours, publique ou secrète, avouée ou démentie ; elle fut toujours en permanence. (Napoléon à Ste-Hélène.)

L'EMPEREUR HOEI-WANG.

— Y a-t-il une différence de tuer un homme avec une *épée* ou avec une mauvaise administration ?

LE PHILOSOPHE MENCIUS.

— Il n'y en a aucune.

« France, refuge du proscrit, patrie de l'humanité, tu rap
« pelles cette ville des vieux temps, qui, après de grandes cala
« mités, recevait les malheureux dans ses murs et les consolait
« par ses largesses et ses soins !... A d'autres la triste gloire
« d'écumer toutes les mers, de pressurer les peuples, de ne
« subsister qu'au prix de la barbarie et de la misère des mal
« heureux ! Ils n'acquièrent leur renommée qu'en marchant
« sur des millions de cadavres ! Ne dirait-on pas cesidoles mexi
« caines couvertes de rubis et de diamants, mais portant au
« cou des colliers de cœurs humains, de crânes et de mains
« sanglantes ? Devant ces puissances avides, malheur aux op
« primés ! L'injustice, fût-elle la plus violente, ils n'ont pas
« même le droit de se plaindre !... Toi, France, dédaigne les
« trophées, et, comme la fille du grand Scipion, montre-nous
« tes enfants !... »
(Lettre de la Jeune Amérique à la France républicaine, par
Amed-Bouis (Américain). Avril 1848.)

FRANÇAIS...

PRENEZ GARDE A VOUS!

« Citoyens, restez debout! le salut de la patrie l'exige! » C'est ainsi que parlaient les patriotes de 1793, lorsque, remplis d'enthousiasme, ils improvisaient quatorze armées en quelques jours. Français, soyez unis!... Les puissances, épouvantées par cette chose *sans nom* qu'on appelle la Révolution française, se liguent contre la République, et ne cesseront jamais de faire la guerre à vos principes!... En avant donc! il faut en finir par un coup de foudre!... Vous trouverez encore des soldats comme ceux qui couvrirent vos aigles d'une gloire immortelle à Austerlitz!... Vous trouverez encore des soldats patriotes qui ne reculeront devant aucun péril, et battront l'ennemi « avec leurs jambes aussi bien qu'avec leurs baïonnettes, » comme disaient les conscrits de Marengo. Les implacables ennemis de la France se liguent pour étouffer la cause démocratique, et rétablir le pape, le représentant de l'absolutisme, sur son *trône légitime*. Le pape!... Les Romains, ce nous semble, sont en voie « de ressusciter la patrie de Brutus, et de faire disparaître l'idole de la papauté. » C'est l'excès de leurs maux qui leur a donné le courage d'y porter remède ; les lumières de la raison en ont hâté le moment, et la crainte d'être excommuniés n'a pas empêché les démocrates de l'Italie de faire leur devoir et de chasser un vassal de l'Autriche. La papauté apparaît aujourd'hui ce qu'elle était depuis longtemps : un néant! C'est la vieille foi de l'Europe qui croule !... Les dieux s'en vont !... Quoi ! les Romains vivraient au milieu des révolutions comme des statues au milieu des tempêtes ! ils les subiraient sans les comprendre !... Des papes se proclamant infaillibles ! en 1848 !... Nous ne sommes plus au temps où Grégoire VII a pu le faire croire aux nations. Mais on oublie donc que, depuis, les soldats de la première République française, les fusils chargés d'idées, ont combattu le despotisme en Italie? La liberté ressemble à ces belles plantes de nos climats, qui, jetées sur un rocher nu, grandissent et fructifient : la seule rosée du ciel les anime. De même, l'amour de la liberté triomphe de toutes les institutions politiques ; en vain elles conspirent à étouffer ce sentiment généreux, il est dans l'air que nous respirons ; il est caché au fond du cœur de tous les hommes, prêt à en sortir à la première étincelle, pour éclater et enflammer tous les esprits !... Oui, les croyances des peuples s'affaiblissent, et le pouvoir des papes chancelle. Il y a quelques mois, l'idée d'une insurrection populaire, en Italie, eût fait passer pour visionnaire le plus profond politique, s'il l'eût publiée. Mais qui peut tout prévoir !... La veille de la première éruption du Vésuve, on se demandait, (en se promenant parmi les fleurs qui couvraient son sommet) si cette montagne était un volcan !... Où était donc ce moine ignoré, qui s'appelait frère Augustin, lorsqu'en frappant la papauté il frappa au cœur le système général du monde? Ce moine, nommé Luther, était à Rome ; c'est en montant, à genoux, l'escalier de Pilate, qu'il crut entendre la voix céleste ; il se leva et poussa le cri de guerre qui embrasa le monde entier !.. La Rome de 1848 se prosterna une dernière fois devant l'idole vermoulue, la saisit par les pieds et la renversa !... La démocratie triomphe, et l'armée de la France républicaine marcherait, contre le droit, pour rétablir le pape sur son *trône légitime !*... Le despotisme trouverait des apologistes en France, en 1848 !... Les Français dégénérés en viendraient peut-être à louer le premier qui enseigna à l'habitant des rives de l'Orénoque l'usage de ces bandelettes qu'il appliquait sur les tempes de ses enfants pour leur assurer l'imbécillité!...

La question de souveraineté est posée entre Pie IX, réclamant les *droits imprescriptibles* de l'Église à gouverner les États de saint Pierre, et le peuple des États romains revendiquant le droit *imprescriptible* de n'être gouverné qu'en vertu de sa volonté légalement constatée, par des autorités constituées conformément aux vœux populaires. Il n'y a point de droit contre le droit, et les Romains ont raison. Ils pensent qu'un peuple n'est pas impie parce qu'il condamne le despotisme *sacré* ; ils pensent qu'un peu de haine leur est permis pour l'antique auteur de leurs maux : ce ressentiment garantit les conquêtes de la raison. N'est-ce pas le pape qui donna l'absolution au roi Ferdinand, au bourreau de Naples? Nous croyions que l'histoire avait gravé ces mots sur le tombeau de Joseph II : « Qu'importe un peu plus ou un peu moins de sang. » Ce sont les expressions dont se servit ce prince en parlant de la répression de l'insurrection du Brabant!... Et c'est le pape qui bénit les armes de Ferdinand, qui exhorte les troupes à rester fidèles à ce roi *religieux!...* C'est donc à Rome qu'il faut frapper l'absolutisme ; et il faut admirer, il faut imiter les hommes de cœur qui ne craignent pas de sacrifier leur vie pour hâter la ruine d'un pouvoir injuste.

Français, le sang de vos soldats est précieux ; leurs «*baïonnettes intelligentes* » doivent vous venger de ceux à qui vous sacrifiait le gouvernement monarchique. Vous en avez déjà brisé le trône, mais votre tâche n'est pas remplie ; que les maux inséparables d'une révolution ne vous effraient point ; lorsque l'arbre que la force courbe vers la terre, se redresse, il se rejette en sens contraire et s'agite longtemps avant de reprendre l'équilibre. Ne vous effrayez donc point des maux qui ne sont que passagers ; mais méfiez-vous des courtiers de la coalition, des dignes émules de Windischgraëtz, Jellachich, Radetzki et autres souverains de la rapière ! Méfiez-vous des hommes de Gand, vassaux de l'Autriche et de l'aristocratie anglaise !... Par quoi ont-ils juré le pacte moscovite? Par le sang de la Pologne égorgée! et la France serait sourde à ses cris d'agonie, comme ces sauvages de nos forêts qui dansent et hurlent de joie pendant qu'on torture leurs frères!.. Non, la France sera toujours noble et généreuse!...

Citoyens français, ce qui vous manque c'est la foi en vous-mêmes, la conscience de votre force; et, sans cela, comment atteindre un but collectif? Amis, la coalition se forme! de l'union donc! C'est dans les grandes circonstances qu'il est important de diriger toutes les opinions, tous les vœux, tous les sentiments des vrais patriotes vers un seul et même but : l'intérêt général. Les lumières de chacun sont précieuses pour établir la liberté sur des bases solides, et pour persuader à tous les citoyens enfin, que lorsqu'on veut respecter les droits de l'humanité, il ne doit, il ne peut y avoir que les lois qui commandent! Vous tous qui aimez votre pays, ralliez-vous! On passe rapidement de l'esclavage à la liberté, mais on marche plus rapidement encore de la liberté à l'esclavage! Que le peuple, qui a dit ce mot sublime : « Nous avons trois mois de misère au service de la République, » que ce peuple déclare qu'il ne fera pas la guerre à ses frères d'Italie... Et qui oserait résister à l'opinion publique parlant au nom de la justice? Les rois savent ce qu'il en coûte. Le 5 mai 1788, Louis XVI fit un de ces actes d'autorité, qui, lorsqu'ils ne sont pas soutenus par une grande fermeté de caractère, sont presque toujours funestes à leurs auteurs. Le 4 mai, deux lettres de cachet sont lancées, l'une contre Duval d'Esprémenil, et l'autre contre Goislard de Montsabert, tous deux membres distingués du parlement de Paris. Aussitôt le Parlement déclare qu'il met Duval, Goislard, Montsabert et tous les autres magistrats sous la sauvegarde de la loi et envoie une députation à Versailles ; il se déclare ensuite en permanence et attend le retour des députés. Tout à coup arrivent les gardes françaises ayant les sapeurs à leur tête ; ils étaient suivis des gardes suisses. Le capitaine des gardes françaises se présente à la porte de la grand'chambre ; on refuse d'ouvrir. Il menace de faire agir ses sapeurs : on ouvre ; il lit un ordre du roi, et somme le maréchal de Biron de lui livrer Duval et Goislard. « Nous sommes tous Duval et Goislard, répond l'assemblée, la force seule pourra nous arracher d'ici! »

C'est ainsi que devaient parler les représentants d'une grande nation : c'étaient les mêmes hommes qui, plus tard, dirigèrent vos quatorze armées frémissantes; et le plus fier général, devenu suspect, recevait, au milieu de ses soldats, l'ordre, toujours obéi, d'aller devant un tribunal inflexible demander pardon au peuple..... et mourir...

Amis, ayez foi en vous-mêmes. Voyez l'Américain : quelle confiance dans l'opinion publique !... Nous citerons toujours avec orgueil cette réponse d'un de nos concitoyens à un membre du congrès; celui-ci lui demandait combien ils étaient à l'Assemblée lorsque furent adoptées les résolutions qu'il lui présentait : — Plus que la salle des délibérations n'en pouvait contenir. — Et où se tenaient les autres ? — Dans la rue. — Et combien y avait-il de pétitionnaires dans la rue ? — Plus qu'il n'y a d'étoiles dans le firmament.

L'Américain était certain que tous les citoyens de l'Union répondaient avec lui : « Plus qu'il n'y a d'étoiles dans le firmament. »

Le Anglais devraient faire graver sur tous leurs monuments cette réponse d'un officier de la marine à Pierre le Grand. Le czar visitant les pontons, témoigna le désir de voir infliger le châtiment de la *cale*. On lui fit observer que, pour le moment, il n'y avait point de soldat condamné à cette peine. « Qu'on prenne un de mes *gens*», dit le féroce moscovite, les yeux *plus flamboyants qu'une gueule d'enfer*, comme dirait Rabelais. «Sire, vous êtes en Angleterre, observa un officier anglais, et vos... *gens*... aussi bien que vous, sont sous la protection des lois de la Grande-Bretagne. »

Quelle fierté dans cette réponse ! L'opinion publique fut unanime et ne désavoua point l'officier. N'y eût-il que ce seul trait dans toute l'histoire de la Grande-Bretagne, nous dirions que le peuple anglais est un grand peuple; il sait *vouloir*; et vous aussi, Français, vous sauriez vouloir..... si vous le vouliez...

Amis, un principe auquel il faut que vous teniez irrévocablement : c'est de renoncer à tout esprit de conquête. Oui, il faut renoncer au cliquetis des armes, au son éclatant du clairon, au roulement des tambours qui animent aux combats, aux sons perçants du fifre ! Il faut renoncer aux champs de bataille couverts de tentes, aux coursiers qui hennissent, frappent la terre du pied, et bondissent comme *les sauterelles* ! Il faut renoncer aux émotions du naufrage, aux combats sur le vaste Océan, avec ses formes variées de sublimité et de terreur ! Il faut renoncer à tout ce qui faisait les délices du belliqueux Othello !

Amis, plus de conquêtes, et respectez surtout le faible..... Voyez le dédain des puissances absolues pour la république microscopique de Saint-Marin. Mais qu'importe l'étendue devant le droit et la justice ? Dans ce *raccourci d'atome*, Richelieu, s'il vivait encore, Richelieu trouverait un point d'appui pour le levier qui doit soulever le monde !..

Citoyens, l'esprit de conquête est le poison de la liberté !... Si vous jurez un respect inviolable aux nationalités, il faut aussi jurer de ne jamais traiter de la paix tant que l'ennemi sera sur votre territoire ; ce fut la source de la grandeur de Rome. C'est aussi le principe proclamé par l'Italie moderne, par cette jeune Italie dont le génie étonnera encore une fois l'univers. Voyez comme elle s'agite ! Elle brise ses chaînes après un long sommeil, et recouvre son antique vigueur en sortant des bras de la mort. Le principe de conquête causa sa ruine, mais la base de sa future grandeur sera : la liberté, la justice, la vérité...

Français, ce n'est plus dans de vieilles chartes qu'il faut chercher les droits des peuples ; c'est dans la raison. La raison seule doit régner après tant de siècles d'arbitraire ; c'est devant la raison qu'il faut s'incliner aujourd'hui. Le dernier règne nous donna le spectacle d'une politique fausse, insidieuse, mélange de bassesse, d'injustice et d'arrogance, et les Français reverraient au timon des affaires ces astucieux hypocrites, dont la langue *suinte un pus infect !* ces hommes pervers qui négocièrent sa honte !... Quelle humiliation pour Priam, de baiser la main d'Achille, couverte du sang de son fils !...

Français, vous êtes assez puissants pour être justes, pour n'être ni fourbes ni dupes dans vos négociations avec vos voisins. Aujourd'hui, il faut que tout se fasse ouvertement. « Je ne veux point dérober la victoire, » répondit Alexandre le Grand à de lâches conseillers. Citoyens, voulez-vous une paix durable? qu'elle soit fondée sur la justice; mais ayez des canons à la frontière, des soldats sur les Alpes, et des vaisseaux dans l'Adriatique; parlez ensuite comme il convient à une grande république, et vous serez écoutés. Ayez aussi une armée de colons en Afrique. L'Algérie, autrefois repaire de pirates, est vôtre à jamais; vous avez *semé* du sang, il faut maintenant *récolter* des hommes qui répondent au premier appel; car la patrie est aussi là où ils sont: vos frères ne rompront pas les liens qui les unissent à vous. Jadis c'était de la métropole que les colonies recevaient leurs pontifes et le feu sacré: l'Algérie est une nouvelle France. Lors de l'expédition de Charles-Quint en Afrique, un chevalier de Malte, *de la langue de France*, ne brava-t-il pas mille périls pour aller, *seul*, planter son poignard dans la porte de Bab-Azoune?

Citoyens, le monde attend de vous de grands exemples; courage donc! faites briller le flambeau de la liberté au-dessus du gouffre où gémissent tant de nobles victimes. Que d'autres attendent le triomphe pour se prosterner devant la justice; mais vous, Français, vous devez suivre les pas chancelants des républiques naissantes. Si elles succombent sous le fardeau de la liberté, eh bien! à vous la croix; mais aussi à vous la gloire de dire, en montrant le Golgotha éblouissant de lumière: « Frères, là est la résurrection! »

Amis, si la patrie perd de vue la nuée ardente qui la guide; si un pernicieux esprit dénature les résultats de la révolution, le colosse de la majesté publique se dressera encore, et la France se reconnaîtra: elle reprendra, d'un pas plus hardi, le sacré pèlerinage. Ne vit-on pas jadis la nationalité française dispersée en lambeaux par les factions? Alors votre implacable ennemie était établie au cœur du royaume; Paris même, Paris, la grande cité, était saisi de vertige. L'Angleterre avait juré l'extermination de la France; elle avait cru entendre ses cris d'agonie dans les plaines d'Azincourt : Azincourt n'était qu'une crise, et dans cette crise la France enfantait Jeanne d'Arc...

Français, prenez garde à vous, et n'attendez jamais de vos ennemis qu'une paix *sanguinaire*. Dans un jour de malheur, ils répéteront ce mot d'ordre de Pitt, qui « ne pouvait permettre « que la France ressuscitât sa marine et son commerce. » Si des traîtres obéissent à cette insolente injonction, s'ils paient toujours la rançon de la France au poids de l'or, eh bien ! à vous, patriotes, de proclamer la patrie en danger. Vengez-vous en peuple et frappez comme la foudre! Parcourez les théâtres de vos triomphes : Fontenoy, Clostercamp, Fleurus... Evoquez les morts, et ils vous entendront, les héros, dont les ossements blanchissent sur le champ d'honneur ! Ils se lèveront indignés, et vous crierez ensemble : « A nous d'Auvergne : voilà l'ennemi ! »

Paris. — Imp. de A. Lacour et Ce, rue St-Hyacinthe-St-Michel, 38, et rue Soufflot, 14.